P. GAY

Reiseskizzen

Mit Peter Gaymann unterwegs

belser

Mal mir das.

Wenn wir verreisen, dann packe ich Bücher ein, die ich schon lange lesen wollte, den Fotoapparat und die Laufschuhe. Ich möchte mal was anderes machen, als jeden Tag Hühner oder schwierige Paare zeichnen. Faulenzen eben, den Kopf frei kriegen. Dennoch: Spätestens nach zwei Tagen krame ich ganz unten aus dem Koffer das Skizzenbuch, Stifte und den Aquarellkasten. *Das Gute ist, ich muss jetzt mal nicht komisch sein*, sage ich dann zu Viktoria, die genau weiß, dass es jetzt wieder losgeht.

Da steht dann so ein toller Baum in der Landschaft oder die Farbe des Aperol-Spritz passt gerade perfekt zu den Klamotten meiner Frau. Oder der Blick aus dem Hotelzimmer ist nicht zu toppen. Die banalsten Dinge können mein Interesse wecken. Ich vertiefe mich dann in ein Motiv, bemerke die Veränderungen des Lichts, spüre die Atmosphäre meiner Umgebung. Dabei bin ich ganz fokussiert und dennoch sehr entspannt. Glückliche Momente sind das. Das will man immer wieder haben. Deshalb füllt sich das Skizzenbuch oft schneller als erwartet.

Manchmal zeichne ich, wenn es die Situation nicht anders zulässt, im Stehen, mitten im Verkehr. Lieber habe ich es, wenn ich einen Platz zum Sitzen finde, an einen Baum gelehnt, unter einem Sonnenschirm, vor dem Wind geschützt, am besten noch ein Getränk vor mir. Die äußeren Umstände wie Licht und Witterung, Hitze oder Kälte sind Faktoren, die bei der Entstehung des Bildes eine Rolle spielen. Muss es schnell gehen? Hat man Zeit? Wird man abgelenkt?

Ich benutze mal große, mal kleine Skizzenbücher. Manche passen sogar in meine Jackentasche und sind nicht größer als eine Postkarte. Gezeichnet wird mit Bleistiften, Kulis, Füllfederhalter, was gerade zur Hand ist. Koloriert werden die Zeichnungen nur selten direkt vor dem Motiv. Das geschieht dann im Hotelzimmer, während Viktoria noch etwas länger im Bad braucht oder einen Rocksaum umnäht oder ihr Buch zu Ende liest. Manchmal schleichen sich dann bei dieser Nachbearbeitung doch auch wieder ein Huhn, ein Schwein oder andere Figuren in eine Zeichnung und wird dadurch wieder zum Cartoon. So viel zum Thema *nicht komisch sein.*

Die Zeichnungen in diesem Buch sind in den letzten 16 Jahren entstanden. Das ist auch exakt die Zeit, die ich mit Viktoria zusammen bin. Die Form des fast ungeplanten Reisens ist genau *unser Ding.* Wir lassen uns gerne treiben, wissen oft am Mittag nicht, wo wir am Abend übernachten werden. Letztes Jahr in Venedig zum Beispiel verließen wir morgens das Hotel mit dem Ziel, die Biennale zu besuchen. Am Abend, fünfzehn Minuten vor Schließung der Ausstellung, erreichten wir schließlich unser Ziel. Es gab auf dem Weg dahin einfach zu viel zu entdecken, zu fotografieren und zu zeichnen.
Dass in diesen 16 Jahren so viele schöne Bücher mit Skizzen gefüllt werden konnten, habe ich auch der wunderbaren Frau an meiner Seite zu verdanken. Sie hat mir immer den Raum und die Zeit gelassen, den man zum Zeichnen nun mal braucht. Nein, sie hat mich häufig sogar noch inspiriert und motiviert. Wie oft hat sie mich auf besonders schöne Dinge aufmerksam gemacht, indem sie – mit Augenzwinkern – den legendären Satz aussprach: *MAL MIR DAS!*

Deshalb möchte ich dieses Buch meiner Lebens- und Reisegefährtin Viktoria widmen.

Peter Gaymann

Italien

Im August auf dem Weg nach Ischia, Nachbarinsel von Capri im *Golf von Neapel.* Ich stehe an Deck der Autofähre. Napoli, die „verwahrloste Schöne“, und der mächtige Vesuv geraten langsam in den Hintergrund und wie ein Traumgebilde taucht vor uns die kleine Insel *Procida* auf. Wie ein Sahnehäubchen erstrahlt die alte, weiße Festung über der Steilküste. Ein Bild, das an ferne Zeiten erinnert. Ich fertige an der Reling stehend rasch eine Skizze an, während unser Schiff die Insel passiert. Erst am Abend im Ferienhaus auf Ischia koloriere ich das Motiv aus der Erinnerung.

Insel Procida, 2005

Ischia Castello Aragonese, 2009
gegenüberliegende Seite: Ischia-Porto, 2009

P. GAY
Ischia-Porto / La vista dall tetto della "Villa Maria"
19/8/2009

 Ischia-Porto, 2008
folgende Doppelseite: I cani di Ischia, 2008

P. GAY
16/8/2008

Ich war bei unseren Ischia-Reisen schon oft an dieser Bar vorbeigegangen. So richtig einladend kam sie mir nie vor, aber als Motiv für eine Zeichnung stand sie bei mir ganz oben auf der Wunschliste.
Dann ist es so weit: *12 Uhr mittags*, die Sonne ist verdammt heiß und vor Ort kein Schatten. Ich setze mich auf eine Steinbank und beginne zu zeichnen.

– I cani di Ischia –

Plötzlich hält neben mir eine *Vespa* und ein Mann fragt, ob er sehen darf, was ich mache. Erst will er wissen, warum ich hier in der Mittagshitze sitze, aber was ihn noch mehr interessiert, ist, warum ich so ein hässliches Gebäude zeichne, wo es doch sonst genug schöne Dinge auf der Insel zu malen gäbe. Im Laufe des Gesprächs outet er sich selbst als Hotelier und *Artista*. Wir besuchen ihn am nächsten Tag in seinem Hotel und er zeigt mir, was er so in den Wintermonaten malt: Kopien von Botero bis van Gogh hängen im Hotelflur. Im darauf folgenden Jahr haben wir den Urlaub in seinem Hotel gebucht. Es gab zehn Prozent Nachlass: *Artisti-Preis!!*

ITALIA - AMORE - P. GAY - Köln 7.1.04

TOTALE 4,20
PIAZZA SAN CARLO 204
GRAZIE
Caffè Torino
CAFFETTERIA
PART.IVA 04948400010
TORINO
NON FISCALE

UMBRIEN Stillleben, 2010
vorhergehende Doppelseite: Italia-Amore, 2004 – Caffè Torino, 2004

Umbrien Tierstudie, 2010

Ischia Tierstudien, 2008
gegenüberliegende Seite: Umbrien Tierstudien, 2008

17/7/2008 Umbria/Case

Pontuglia, 2015
gegenüberliegende Seite: Umbrien Fundstück, 2010
folgende Doppelseite: Umbrien Valle la costa, 2010

P. GAY

Valle la costa, Umbrien

P. GAY

 Ligurien Santa Margherita, 2001
gegenüberliegende Seite: Gardasee Pai di Sopra, 2013

Ostersonntag 2013
Pai di Sopra, Gardasee

Fine d'estate, 2009
gegenüberliegende Seite: Studie, 2011

T. GAY

Die Karwoche war total verregnet. Nicht nur am Gardasee, nein, tutta Italia stand unter Wasser! Umso fantastischer, als am Morgen des Ostersonntags die Sonne am strahlend blauen Himmel steht und wir sofort zu einem ausgedehnten Spaziergang aufbrechen. Wir erreichen zur Mittagszeit ein Städtchen mit dem schön klingenden Namen Castelletto di Brenzone und kehren bei *Umberto* ein. Während wir auf das Essen warten, zeichne ich das Boot, das vor mir im Hafen dümpelt. Von rechts schiebt sich eine dunkle Wolkenfront ins Bild. Die ersten Regentropfen klatschen auf mein Zeichenpapier und hinterlassen als Warnung ein paar Wasserflecken. Mal eine andere Art der „Aquarellierung“. Wir sind dann trotzdem noch halbwegs trocken nach Hause gekommen. Aber kaum hatten wir die Haustür hinter uns zugezogen, öffneten sich alle Schleusen und der Donner rollte über die Berge und den See.

Gardasee Castelletto di Brenzone, 2013

Castelletto di Brenzone
„Fischessen bei Umberto"
Ostersonntag 2013, 16^{00}
T. G.

30 Meerblick, undatiert

 Ischia Castello Aragonese, undatiert

Dopo la cena, undatiert

 Viktoria, 2013

Zimmerstudie, undatiert

Manchmal lügen Zeichnungen. Diesmal nicht. In dieser Bar in Verona treffen sich gegen Abend zum Aperitif viele junge Leute – wie wir. Ich bestelle mir ein Glas Lugana und meine Frau einen *Aperol*-Spritz. Erst jetzt fällt mir auf, dass ich wohl der Einzige bin, der keinen *Spritz* trinkt. Da fühle ich mich plötzlich wie einer, der in einer Kölsch-Kneipe einen *Bordeaux* bestellt. Da ich jetzt eh schon der Außenseiter bin, kann ich auch noch komplett den Künstler raushängen lassen. Und fange an, den ganzen Laden abzuzeichnen. *Prost!*

Verona, 2013

A CAFE'
RA S.R.L.
CCIAI N.2
RONA
068690231
Aperol Spritz-Time a Verona
Karsamstag, 30.3.2013 ... 19²⁰
Oper. IREN
Comanda 7771/R 18.42
Tavolo
1 x .SPRITZ APEROL
1 x LUGANELLA

Umbrien Eremo di San Giovanni Battista, 2015
gegenüberliegende Seite: Urbino Nach Raffaello, 2015

Raffaello
Madonna col Bambino
Urbino, 24. Aug. 2015

 Rom Chiesa San Rocco, 2013

Rom Campo di Fiori, 2016

Fontana monumentale
delle
Tatarughe
Roma
8.5.2013
P. GAY

Venedig Campo San Francesco, 2015

gegenüberliegende Seite: Rom Fontana monumentale delle tartarughe, 2013

Frankreich

Wir haben einige Tage in Honfleur verbracht, und unsere nächste Station soll Paris sein. 60 km von der Hauptstadt entfernt, befindet sich in *Giverny* das letzte Atelier von *Claude Monet*. Inmitten seines grandios angelegten Gartens. Wer kennt sie nicht, die weltberühmten Seerosenteiche, die der Künstler in seinen letzten Jahren hier gemalt hat. Ich bin ganz gerührt beim Spaziergang durch diese Farbexplosionen. Nein, ich werde jetzt keine Seerosen malen. Das wäre mir peinlich. Aber das Haus, in dem der Maler und seine Frau gelebt haben, möchte ich als Erinnerung mit nach Hause nehmen. Ich bin hoch konzentriert am Arbeiten, als plötzlich der Meister selbst vor mir erscheint …

Giverny, 2014

folgende Doppelseite: Aix-en-Provence, 2011

11. Aug. 2014
Besuch bei Claude Monet
Warmer Empfang!
Toller Garten!

Hotel "Negre Coste"
Aix en Provence

Ostersonntag in Aix-en-Provence. Wetter-App interessiert nicht. Die Sonne strahlt schon seit Tagen. Die Stadt ist eng verbunden mit dem Namen *Paul Cézanne*, dem Wegbereiter der modernen Malerei. Man ahnt: Die Äpfel und der *Mont Sainte-Victoire*. Auf dem Spaziergang zu seinem ehemaligen Atelier kommen wir ins Schwitzen, der Weg führt durch ein langweiliges Wohnviertel bergauf. Dann stehen wir vor einem Garten und mittendrin das ehemalige Wohnhaus des Künstlers mit seinem Atelier. Schon an der Kasse ein großes Schild: *FOTOGRAFIEREN VERBOTEN*. Von Zeichnen ist nicht die Rede. Ich stelle mich andächtig in eine Ecke und zeichne. Die Wachtposten lassen mich nicht aus den Augen. Ich werde nicht in Handschellen abgeführt.

Aix-en-Provence Atelier Cézanne, 2011
folgende Doppelseite: Aix-en-Provence, 2011

@= Bonjour
ATELIER CEZANNE
AIX EN PROVENCE
9 AVENUE PAUL CEZANNE
Tel:04 42 21 06 53 Fax:04 42 21 90 34
24/04/2011 14:23
Caisse 01 Ticket 001/V212045
Aix-en-Provence – Ostersonntag 2011

Mont Sainte-Victoire – Aix …

Ostersonntag
2011

52 MONTÉLIMAR Lesende Viktoria, 2002
gegenüberliegende Seite: HAUTE DE CAGNES, 2003
folgende Doppelseite: CAGNES SUR MER, 2003 – BURGUND, 2002

T.6A4
16/4/03
H. d. Cajues

– Im Garten von Renoir –
Cagnes sur mer / Nizza

Burgund
25/3/2002

16/4/2011

Maternité Suisse bei Elne / France.

Paris Collage, 2009
gegenüberliegende Seite: Paris, 2009
vorhergehende Doppelseite: Maternité suisse d'Elne, 2011

Spanien

Es ist kurz nach Weihnachten und wir fühlen uns wie im Osterurlaub. Die Luft ist mild, der Himmel oft blau und die Weihnachtsdeko scheint fehl am Platz. In *Granada* finden wir ein kleines, wunderschön eingerichtetes Hotel, und Viktoria schafft es, dass wir ein Zimmer ganz oben unter dem Dach beziehen können. Wie aus einem Adlerhorst überblicken wir die Altstadt, und uns gegenüber thront die mächtige *Alhambra*. Als ob mir das Motiv davonlaufen könnte, beginne ich sofort zu zeichnen.

Granada
Blick auf die Alhambra
3.1.2016

 Sevilla, 2015
gegenüberliegende Seite: Sevilla, 2015

MURILLO
Sevilla
29.12.2015

Puente Romano
Cordoba, 2.1.2016

Mallorca, 2010

gegenüberliegende Seite: Cordoba Puente Romano, 2016

2.1.2016
„Mezquita"
Kathedrale von Cordoba

Sevilla, 2015

gegenüberliegende Seite: Kathedrale von Cordoba, 2016

Sevilla Orangenbäume, 2015
gegenüberliegende Seite: Sevilla Tapas Bar, 2015

Morgen wird Silvester gefeiert. Kaum zu glauben, wenn man bei 20 Grad und Sonnenschein durch die Altstadt von *Sevilla* flaniert. Überall werden die Straßen und Plätze von Bäumen gesäumt, die voller saftiger Orangen hängen. Wir probieren eine und wissen schlagartig, warum diese Früchte nicht schon längst gepflückt sind. Sauer bis zum Abwinken. Also bleiben die Apfelsinen, wo sie sind, und werden trotzdem zeichnerisch verewigt. Nicht alles, was schön aussieht, muss auch gut schmecken. Darauf einen *Sherry*.

 Mallorca Illetas, 2010

Palma di Mallorca Museo Es Baluard, 2010

BARCELONA Viktoria, 2014

gegenüberliegende Seite: BARCELONA Wasserspeier, 2014

England

Wir waren aus Portsmouth „geflohen“ in Richtung Norden ins grüne hügelige Hinterland. Viktoria hatte unterwegs vom Beifahrersitz aus ein *Bed & Breakfast* gegoogelt. Wir buchten eine Nacht und landeten schließlich am Abend vor diesem prachtvollen Landsitz in einer parkähnlichen Landschaft in der Umgebung von *Godalming*. Waren wir mitten in einem englischen Film gelandet? Wird hier gleich eine Jagdgesellschaft vorbeigaloppieren? Wir fühlten uns jedenfalls auf der Stelle wie *Earl Grey & Lady Champagner*. Aus einer Nacht wurden sieben Nächte in diesem verträumten Haus, wo wir uns wundervoll aufgenommen fühlten.

Süd-England Hambledon House, 2014

Süd-England
"Hambledon-House" 1/8/2014

Süd-England Hambledon House, 2014
gegenüberliegende Seite: Süd-England Hambledon House, 2014
folgende Doppelseite: West Sussex Petworth-House, 2014

Hambledon-House
1. Aug. 2014

Petworth-House / West Sussex
Aug. 2014

 Süd-England Zimmerstudie, 2014

Süd-England Zimmerstudie, 2014

 „Earl Grey“ beim Rasenmähen – Rote Telefonzelle, 2014

Godalming, 2014 – Landschaft bei Godalming, 2014

New York

Es gibt ja auch Reisetage, da bleibt das Skizzenbuch im Rucksack. In *New York* allerdings will ich es gar nicht mehr aus der Hand legen. Zu viele Eindrücke, die gezeichnet werden wollen: U-Bahnhöfe, Menschen in verrückten Outfits, Straßenschluchten, grelle Reklamewände … man kennt das alles aus dem Kino. Und jetzt stehe ich mittendrin im Film. *Ooh – I love it.* Diese Zeichnung ist meine Lieblingszeichnung aus NY. An einer der belebtesten Ecken von Manhattan habe ich mich in den Schatten einer Platane gesetzt und diese kraftvollen Bäume aquarelliert – die der großen Hektik eine starke Ruhe entgegensetzen. Wären da nicht die ständig durchs Bild fahrenden *Yellow cabs*, könnte die Szene auch an den Boulevard einer französischen Kleinstadt erinnern.

New York 5th Avenue, Central Park South, 2008

NYC TAXI
NY-CITY 2008

 New York Figurenstudien, 2008
gegenüberliegende Seite: New York, Williamsburg, 2008

THE RED & GREEN HOUSE - WILLIAMSBURGH.

Williamsburg-bridge

New York Williamsburg-bridge, 2008
oben: New York Figurenstudien, 2008

New York - 2008

NEW YORK,
Collage, 2008

92 New York, Brooklyn, 2008

ON THE ROOF
BERRY ST. 338
BROOKLYN - NY
P. GAY
11-5-2008

 Viktorias New York-Shoes, 2008

Viktoria, reading the Newspaper
Brooklyn - NY - 10.5.2008

NY - SOHO - 10/5/2008

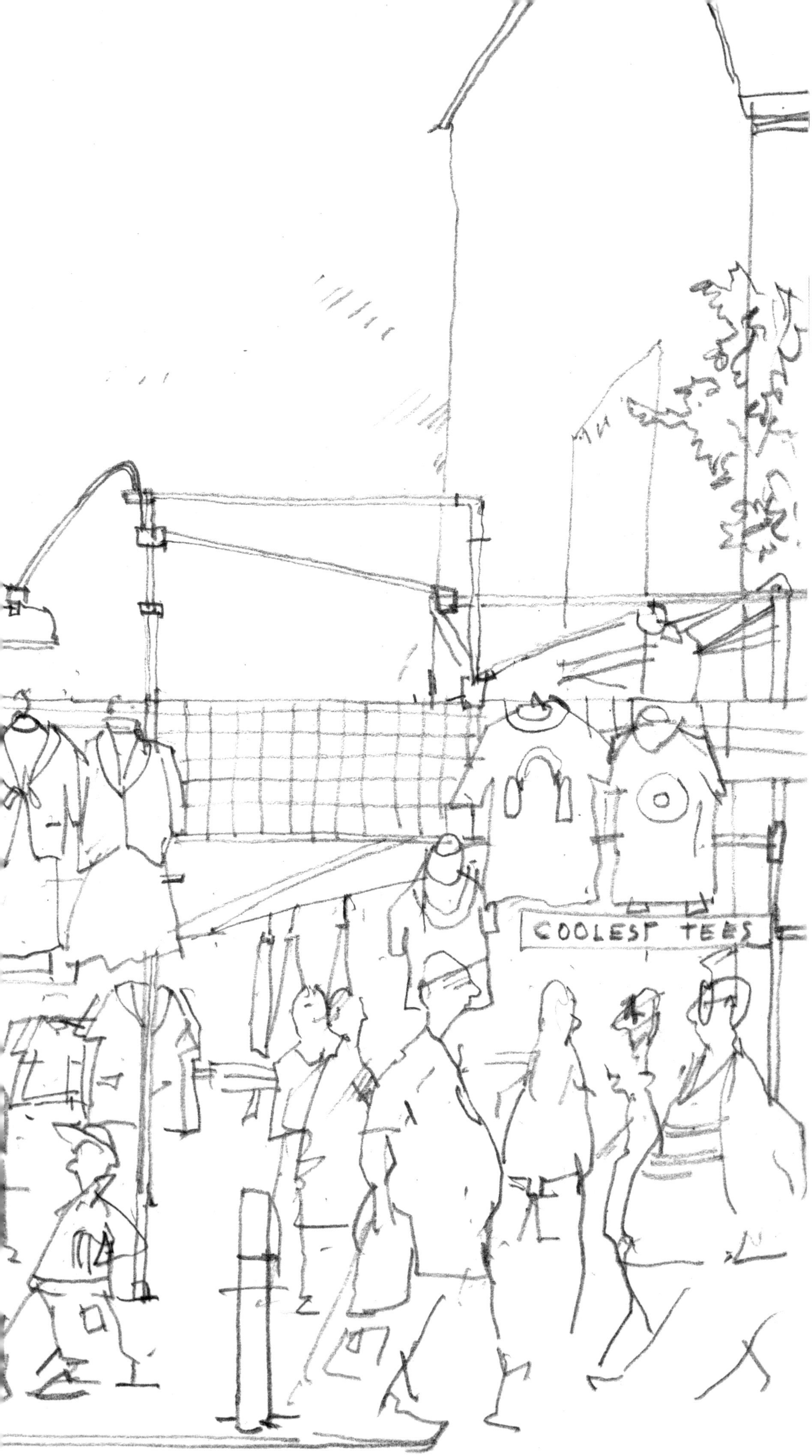

New York, Soho, 2008

Cuba Auf der Fahrt von *Havanna* nach *Vinales* gerät der Verkehr ins Stocken. Ein Unfall verhindert die Weiterfahrt. Ich setze mich an den Straßenrand unter einen schattenspendenden Baum und male diese Schönheit in Orange. Als kleine Zugabe die Hühner als Boxenluder. Dann löst sich der Stau auf und weiter geht's.

CUBA
P. GAY
22.3.14

HAVANNA Fuster-House, 2014
gegenüberliegende Seite: CUBA Vinales, 2014
folgende Doppelseite: HAVANNA, 2014 – HAVANNA, 2014

Vinales / Cuba
23/3/14

Havanna: High noon. – Es ist heiß und schwül. Ich setze mich auf eine Bank und beobachte die beiden Männer beim Reparieren ihres Oldtimers. Sie beobachten mich beim Zeichnen … halten aber gebührend Abstand. Hin und wieder bleiben Passanten stehen, schauen mir über die Schulter. Sie wollen wissen, wo ich herkomme und ob das meine *profession* sei. Ich zeige ihnen alles, was ich bisher in Havanna gezeichnet habe. *You are a very good artist – Thank you* … Great! Hört man gern.

Closed for ever?
Restaurant in Havanna
20. 3. 2014

Havanna, 2014
gegenüberliegende Seite: Havanna, 2014
folgende Doppelseite: Havanna, 2014 – Luftkurort Havanna, 2014

Havana 19/3/2014
T. GAY

Havanna
30/3/2014

Luftkurort Havanna...

In Cojimar hat Ernest Hemingway seinen großen Roman *Der alte Mann und das Meer* geschrieben. Touristen werden in Bussen hierhergebracht und durch Bars und Restaurants geschleust, wo angeblich der große Schriftsteller damals mit einheimischen Fischern zusammen Whiskey getrunken hat. Ich mache einen Spaziergang an den Stadtrand. Baufällige Hütten, halbfertige Häuser, aus deren Fenstern mich Kinder beobachten, und streunende Hunde. *Lands End.* Hier ist finito. Dahinter kommt nur das Meer. Aber auch der Strand ist hier nicht einladend. Lieber zurück in die Bar zu den nostalgischen Schwarz-Weiß-Fotos von *Hemingway.*

-Lands End-
Cojimar/Kuba
28/3/2014
P. Gay

Skandinavien

Es haben sich ja schon viele Künstler in ihre eigenen Bilder hineingeschmuggelt. Ihre Frauen, Musen, Freundinnen haben sie außen vorgelassen. Deshalb hier die Weltpremiere: *Peter Gaymann & Viktoria Steinbiß-Gaymann* gemeinsam auf ihren Falträdern im *Stockholmer* Hafen unterwegs. Die Räder begleiten uns mittlerweile auf vielen Reisen.
Auf atmungsaktive Sportbekleidung verzichten wir allerdings. So was käme mir nicht ins Bild.

Stockholm, 10. Aug. 2013

Saltsjöbaden, 2013
gegenüberliegende Seite: Saltsjöbaden, 2013

Saltsjöbaden
14. August 2013
P. GAY

10.8.2013
Stockholm

Wenn bei Capri die rote Sonne im Meer versinkt …!

Einen Sonnenuntergang malen. Darf man das noch? Oder ist das schon ein bisschen igitt? Wie viele *1000 qm²* *Kitsch* wurden damit schon produziert?

Sei's drum: Am 10. August 2013 bin ich so weit. Mein erster Sonnenuntergang ist fällig und das nicht auf *Capri*, sondern am Stadtrand von *Stockholm*. Wir waren den ganzen Nachmittag mit unseren Falträdern unterwegs und finden plötzlich diese romantische Bucht. Just als die Sonne hinter den Bäumen des gegenüberliegenden Flussufers versinkt. Das junge Paar, das hier ebenfalls am Chillen ist, lässt sich weder von uns noch von der Sonne stören. Sie schreibt ihr Tagebuch, er googelt das Wetter von morgen. Ich zeichne im Eiltempo, bevor es zu dunkel wird.

Stockholmer Abend, 2013

Malmö, 7. Aug. 201

P. GAY

Kopenhagen, 2013
oben: Leuchtturm von Kopenhagen, 2013

2013

Griechenland

Eine Schiffsreise auf der *MS Europa* durch die Ägäis ist schon eine coole Sache, besonders wenn man seine eigenen Cartoons in der Galerie des Schiffs ausstellen darf.
Eine der bekanntesten Inseln, die wir anlaufen, ist *Mykonos*. Wir sind also nicht überrascht, dass sich außer uns noch viele Touristen fotografierend durch den Hafenort schieben. Während Viktoria sich zu einem ausgedehnten Boutiquen-Bummel entschließt, steige ich in den engen Gässchen auf weiß gekalkten Treppen immer höher und besteige den Hügel hinter dem Ort, von wo sich mir eine sagenhafte Rundumsicht bietet. Die kleine Kapelle, die hier vor mir auf dem Gipfel steht, erstrahlt blendend weiß gegen den tiefblauen Himmel. Hier sind wir ganz alleine … mein Skizzenbuch und ich.

 Mykonos, 2015

Mykonos.
30.4.2015
T. GAY

Delos 30.4.15

Das Licht…

Naxos, 2015

gegenüberliegende Seite: Insel Delos, 2015

Pylos Figurenstudien, 2015
gegenüberliegende Seite: Pylos, 2015

Pylos
3. Mai 2015

 Insel Chios Griechische Oldtimer, 2015

– Chios – 29. 4. 2014
T. GAY

Insel Mykonos, 2015
oben: Santorini, 2015

CATS
DISCO
Mykonos
30.4.2015

Deutschland kommt in meinen gesammelten Skizzenbüchern nicht so oft vor. Das liegt sicher daran, dass unsere Urlaubsreisen meist schnurstracks ins Ausland führen. Doch dann nehmen wir mit, was auf dem Weg liegt. Wie *Glücksburg*, kurz vor *Dänemark*. Neben der Architektur bleiben in Erinnerung lange Radtouren in den Dünen, gemütliche Hotels und Mückenstiche.

Am Schluss dieses Buches heißt es *Zurück zu den Wurzeln*. Nach *Freiburg* und in den Schwarzwald. Hier hat alles angefangen. Mit den Störchen auf dem Schulhaus von *Buchheim*. Die habe ich als Siebenjähriger auf dem Hof von Opa und Oma gezeichnet.

130 Glücksburg, 2013

Glücksburg
19. Aug. 2013

 REMAGEN Bahnhof Rolandseck, 2011

REMAGEN Fähre am Rolandseck, 2011

Neujahrsmorgen. Noch leicht verkatert. Draußen meterhoch Schnee. Kalter Wind. Drinnen Kachelofen, Wärme, erster Kaffee, alle krabbeln langsam aus ihren Betten. Ich setze mich mit meinem kleinsten Skizzenbuch auf die warme Ofenbank und skizziere dieses schöne Sammlerstück. Meine Art, das neue Jahr einzuläuten.

Rottach-Egern Berghotel Sutten, 2015 – Diessen Ammersee, 2010
gegenüberliegende Seite: Todtnauberg, 2006

Münstertal St. Trudbert, 2009
gegenüberliegende Seite: Münstertal Hotel Spielweg, 2007

– Hotel SPIELWEG – 31. 12. 2007

FREIBURG-LEHEN, 2008
gegenüberliegende Seite: Figurenstudie, 2010
folgende Doppelseite: FREIBURG Münsterplatz, 2008 – Freiburger Münster, 2008

P. GAY
14/2/2010

Scharfer Wind
auf dem Münsterplatz
26/3/2008
P. GAY

26-3-2008
Freiburger Münster

Nach über 50 Jahren sind die Störche, meine Lieblingsvögel, immer noch da.

 Störche, 1957

Buchheim, Altes Schulhaus, undatiert

Bibliografische Information der Deutschen Nationalbibliothek.
Die Deutsche Nationalbibliothek verzeichnet diese Publikation in der Deutschen Nationalbibliografie; detaillierte bibliografische Daten sind im Internet über http://dnb.dnb.de abrufbar.

Redaktion: Lektorat Hille & Schäfer, Freiburg
networks baller gmbh, köln
Gesamtgestaltung, Repro: Weiß-Freiburg GmbH — Graphik & Buchgestaltung
Druck, Bindung: Graphicom Vicenza

ISBN 978-3-7630-2758-3
Für die Künstleredition
ISBN 978-3-7630-2759-0

Gedruckt in Italien.